BEI GRIN MACHT SICH IHR
WISSEN BEZAHLT

Kenny Reinefeldt

Rechtliche Aspekte zu Open Source Software: Urheberrecht und Patente

GRIN Verlag

Bibliografische Information der Deutschen Nationalbibliothek:

Die Deutsche Bibliothek verzeichnet diese Publikation in der Deutschen National-
bibliografie; detaillierte bibliografische Daten sind im Internet über http://dnb.d-
nb.de/ abrufbar.

Impressum:

Copyright © 2008 GRIN Verlag GmbH
Druck und Bindung: Books on Demand GmbH, Norderstedt Germany
ISBN: 978-3-640-27477-2

Dieses Buch bei GRIN:

http://www.grin.com/de/e-book/123090/rechtliche-aspekte-zu-open-source-software-
urheberrecht-und-patente

GRIN - Your knowledge has value

Der GRIN Verlag publiziert seit 1998 wissenschaftliche Arbeiten von Studenten, Hochschullehrern und anderen Akademikern als eBook und gedrucktes Buch. Die Verlagswebsite www.grin.com ist die ideale Plattform zur Veröffentlichung von Hausarbeiten, Abschlussarbeiten, wissenschaftlichen Aufsätzen, Dissertationen und Fachbüchern.

Besuchen Sie uns im Internet:

http://www.grin.com/

http://www.facebook.com/grincom

http://www.twitter.com/grin_com

Leibniz-Akademie Hannover
weiterführender Studiengang Bachelor of Science

Hausarbeit

Rechtliche Aspekte zu Open Source Software:
Urheberrecht und Patente

Abgabedatum: 12.12.2008

vorgelegt von:

Kenny Reinefeldt

Inhaltsverzeichnis

Abbildungsverzeichnis

Abkürzungsverzeichnis

Abb.	Abbildung
ff.	fort folgende
gem.	gemäß
S.	Seite
u. a.	und andere
U.S.C.	United States Code
vgl.	vergleiche
z. B.	zum Beispiel

1 Einleitung

Open Source Software stellt längst keine Randgruppe in der heutigen IT-Welt mehr da. Selbst große Unternehmen wie IBM oder Sun und sogar Microsoft setzten zunehmend auf die Entwicklungen in dieser Branche, sodass etliche Open Source Anwendungen immer häufiger zu festen Größen in der heutigen Softwarebranche avancieren.[1]

Im Jahre 2005 wurden über 50.000 Open Source Projekte realisiert. Dies liegt unter anderem daran, dass diese Art von Software als besonders leistungsfähig und zuverlässig gilt sowie durch den offenen Quellcode an die persönlichen Bedürfnisse anpassbar ist.[2]

Der Einsatz von Open Source Software erfordert jedoch auch ein tiefer gehendes Verständnis für die rechtlichen Grundlagen und juristischen Probleme die sich aus dem Einsatz dieser Art von Software ergeben.

Vor diesem Hintergrund soll die vorliegende Arbeit einen Einblick in die rechtlichen Aspekte der Open Source Software geben. Dazu werden zunächst die Grundlagen der Open Source Software erläutert. Dafür erfolgt erst einmal eine Abgrenzung des Begriffs Software, worauf aufbauend die Open Source Software näher erläutert wird. Eine Abgrenzung zu anderen Softwarearten und eine Überblick über die Stärken und Schwächen des Einsatzes von Open Source Software bilden den Abschluss des Grundlagenteils. Anschließend werden die rechtlichen Rahmenbedingungen vorgestellt. Zuerst werden die allgemeinen Vorschriften für Open Source Software erläutert. Ferner werden die verschiedenen Lizenzmodelle der Open Source Software erklärt. Schließlich erfolgt eine Betrachtung des Urheber- und das Patentrechts im Zusammenhang unter dem Kontext des Themas.

Den Abschluss der Arbeit bildet ein Fazit über das Thema der Arbeit, in dem die wichtigsten Erkenntnisse nochmals zusammengefasst werden.

---

[1] Vgl. Schäfer, F. (2007), S. 1.
[2] Vgl. Maaß, C. (2006), S. 1.

2 Grundlagen

2.1 Definition Software

Der Begriff Software kennzeichnet Programme, die einen immateriellen Gegenstand darstellen und mit dessen Hilfe es möglich ist Aufgaben an einem Computer zu verrichten. Dabei unterliegt Software einigen Besonderheiten, die sie von anderen Gütern abgrenzt. Das heißt im Einzelnen,

* Software ist immateriell,
* die geistige Urheberschaft ist nicht durch das Urheberrecht gesichert,
* die Vervielfältigung ist sehr einfach und kostengünstig,
* diese Einfachheit birgt die Gefahr der unberechtigten Nutzung und Verteilung,
* Software kann verfälscht werden (zum Beispiel (z. B.) durch Viren) und
* Software muss ständig weiterentwickelt werden.[3]

Weiterhin lässt sich Software nach verschiedenen Kriterien klassifizieren. Ein allgemein gültiger Ansatz konnte dabei jedoch auf Grund der Komplexität und verschiedenen Abgrenzungsmöglichkeiten von Software seit den 70er Jahren nicht herausgearbeitet werden. Es gibt jedoch drei wichtige Abgrenzungkriterien die häufig verwendet werden, diese sind in Abbildung (Abb.) 1 dargestellt.[4]

Abgrenzungskriterium	Klassifikation der Softwarearten
Systemnähe	Systemsoftware
	Anwendungssoftware
Zielplattform	Serversoftware
	Clientsoftware
Erstellungsprinzip	Standartsoftware
	Individualsoftware

Abb. 1: Softwareabgrenzungskriterien

Quelle: Maaß, C. (2006), S. 8.

---

[3] Vgl. Lassmann, W. (2006), S. 127.
[4] Vgl. Maaß, C. (2006), S. 8.

2.2 Begriff Open Source Software

Der Begriff der „freien Software" existiert bereits seit Mitte der 80er Jahre. Jedoch wird erst im Jahre 1998 das Schlagwort „Open Source Software" erstmals verwendet. Trotz der erst relativ jungen Erscheinung dieses Begriffs kann doch eine relativ genaue Beschreibung des Inhaltes vorgenommen werden. Dies liegt hauptsächlich an den Anstrengungen der Open Source Gemeinde, die sich frühzeitig bemüht hat eine Definition für die Open Source Software herauszuarbeiten.[5]

Der Grundstein für die Open Source Software wurde 1984 gelegt, als durch die Gründung des GNU-Projekts ein UNIX kompatibles Betriebssystem entwickelt werden sollte, dass keinen Auflagen von Software Firmen unterstand. Das GNU-Projekt prägte den Begriff „Free Software", also freie Software. Jedoch wurde der Begriff „frei" oft missverstanden was häufig zu der Ansicht führte, freie Software wäre grundsätzlich kostenlos erhältlich, wodurch diese von der Softwareindustrie eher als geschäftsschädigend angesehen wurde.[6]

Um von dieser negativen Ansicht der freien Software abzukommen wurde im Jahr 1998 eine Marketinginitiative gestartet, aus der auf Vorschlag von Chris Peterson hervorging, seit diesem Zeitpunkt den Begriff Open Source Software zu verwenden. Ausschlaggebend für die Wahl dieses Moments war die Ankündigung Netscapes, den Quellcode ihres Internetbrowsers offen zu legen.

Der Begriffswechsel wurde von der Softwareindustrie sehr begrüßt und von großen Teilen auch akzeptiert. Trotz des begrifflichen Wandels von freier Software zu Open Source Software, hat sich inhaltlich im Wesentlichen zwischen den beiden Begriffen nicht viel geändert. So werden noch immer beide Begriffe aber meist als Synonyme verwendet.[7]

---

[5] Vgl. Jaeger, T. / Metzger, A. (2006), S. 1.
[6] Vgl. Schäfer, F. (2007), S. 6.
[7] Vgl. Jaeger, T. / Metzger, A. (2006), S. 3ff.

Die grundlegende Definition der Open Source Software ist die „Free Software Definition" von der Free Software Foundation. Diese wurde im Februar 1986 veröffentlicht und betont den Kerngedanken der freien Software:

"Free software is a matter of the users' freedom to run, copy, distribute, study, change and improve the software. More precisely, it refers to four kinds of freedom, for the users of the software."[8]

Das bedeutet jedoch nicht, dass Open Source Software grundsätzlich frei ist, sondern dass die gewährten Freiheiten in unterschiedlichen Lizenzen geregelt sind. Des Weiteren wird ausdrücklich betont, dass „frei" nicht im Sinne von kostenlos zu verstehen sei, sondern vielmehr für die Freiheit jedes einzelnen Benutzers steht.[9] Diese Definition ist heute noch gültig und wird durch weitere, detaillierte Angaben der Free Software Foundation sowie der Open Source Initiative unterstützt.

2.3 Abgrenzung zu anderen Softwaremodellen

Grundsätzlich werden zwei Arten von Software unterschieden. Das sind zum Einen die Open Source Software und zum Anderen die proprietäre Software. Der wesentliche Unterschied der beiden Softwarekategorien ist die Einsehbarkeit des Quellcodes. So ist bei Open Source Software grundsätzlich der Quellcode offen zu legen. Die proprietäre Software hingegen wird nur in einer kompilierten Form, dass heißt in Binärcode veröffentlicht. Da die Kompilierung in der Regel nicht rückgängig gemacht werden kann, ist somit keine Änderung an proprietärer Software möglich.[10]

In den Bereich der Open Source Software fallen auch andere Softwaremodelle, die Grundzüge der Open Source Software enthalten, jedoch im engeren Sinne nicht der Definition von Open Source Software entsprechen. Diese werden im Folgenden erläutert.

---

[8] Free Software Foundation (2007): The Free Software Definition, http://www.fsf.org/licensing/essays/free-sw.html, 02.12.2008, 10:41 Uhr.
[9] Vgl. Gläßer, L. (2004), S. 21ff.
[10] Vgl. Hetmank, M. (2006), S. 15ff.

Public Domain Software

Die Public Domain Software ist ein Softwaremodell, welches ebenfalls kostenlos dem Nutzer überlassen lassen wird und von diesem frei bearbeitet und vertrieben werden darf. Jedoch erfolgt keine ausdrückliche Einräumung umfassender Nutzungsrechte, da Public Domain Software gemäß (gem.) 17 United States Code (U.S.C.) § 105 vom Urheberrecht ausgeschlossen ist.[11] Da dem deutschen Recht der vollständige Verzicht auf das Urheberrecht fremd ist, wird hierzulande für diese Software ein einfaches Nutzungsrecht eingeräumt, welches es erlaubt die Public Domain Software kostenlos zu kopieren und zu verbreiten. Häufig wird jedoch solche Software in Deutschland ohne offenen Quellcode verbreitet.[12]

Shared Source Software

Shared Source Software ist eine im Jahr 2001 von der Firma Microsoft eingeführte Softwareart um am Erfolg der Open Source Software zu partizipieren. Damit wird dem Nutzer ein Einblick in den Quelltext von Programmen gewährt. Dem Nutzer wird dabei ein kostenloses Änderungsrecht eingeräumt. Die aus den Änderungen resultierende Software darf jedoch nicht weiter verbreitet werden. Microsoft will sich damit das herkömmliche Geschäftsmodell und damit die Immaterialgüterrechte bewahren.[13]

Neben den Open Source ähnlichen Softwaremodellen, gibt es auch Software die eher der Definition von proprietärer Software entsprechen. Diese werden im Weiteren erklärt.

Kommerzielle Software

Die kommerzielle Software bildet das Gegenstück zur Open Source Software. Die Nutzung solcher Programme wird hierbei von kostenpflichtigen Lizenzverträgen eingeschränkt. Weiterhin wird der Quellcode nicht offenbart, wodurch Änderungen an der Software nicht möglich sind. Nutzer sind dadurch stark vom Hersteller abhängig.[14]

---

[11] Vgl. Schäfer, F. (2007), S. 11ff.
[12] Vgl. Gläßer, L. (2004), S. 15.
[13] Vgl. Jaeger, T. / Metzger, A. (2006), S. 7.
[14] Vgl. Gläßer, L. (2004), S. 19.

Shareware

Shareware bezeichnet Software die dem Nutzer temporäre Nutzungsrechte ein-
räumt. Dabei wird die Shareware für diesen Nutzungszeitraum kostenlos zu Test-
zwecken zur Verfügung gestellt. Nach Ablauf der Frist wird die weitere Nutzung meist
durch technische Maßnahmen verhindert, sofern nicht die anschließend fälligen Lizenzgebühren gezahlt werden.[15]

Freeware

Die Begriffsähnlichkeit von Freeware und Free Software führt immer wieder zu Un-
klarheiten zwischen beiden Wortbedeutungen. Es handelt sich bei Freeware um
Software, bei der dem Nutzer kostenlos lizenzgebundene Nutzungsrechte eingeräumt werden. Anders als bei Free Software wird der Quellcode jedoch nicht an den
Nutzer übergeben und die Änderung des Programms meist untersagt.[16]

In der Abb. 2 werden die Hauptunterschiede der verschiedenen Softwaremodelle
zusammenfassend dargestellt.

Kriterien	Kostenlose Nutzung	Zeitlich un-beschränkter Gebrauch	Quellcode veränderbar	Weitergabe erlaubt
Freie Software	X	X	X	X
Public Domain Software	X	X	---	X
Shared Source Software	---	---	X	---
Kommerzielle Software	---	---	---	---
Shareware	---	---	---	X
Freeware	X	X	---	X

Abb. 2: Hauptunterschiede der Softwaremodelle
Quelle: Gläßer, L. (2004), S. 20 (leicht geändert).

---

[15] Vgl. Jaeger, T. / Metzger, A. (2006), S. 6.
[16] Vgl. Gläßer, L. (2004), S. 15ff.

2.4 Vorteile und Schwächen von Open Source Software

Der Einsatz von Open Source Software bietet einige Vorteile gegenüber den anderen Softwaremodellen. Viele davon leiten sich direkt aus der Definition der Free Software Foundation sowie aus dem Vergleich der einzelnen Softwaremodelle ab. Die Vorteile sind im Einzelnen,

- geringere Kosten,
- Unabhängigkeit von bestimmten Herstellern,
- gute Interoperabilität,
- höhere Sicherheit durch den modularen Aufbau der Software,
- hohe Qualität und Stabilität durch ständige Überwachung des Entwicklungsprozesses und
- viel kostenloser und frei verfügbarer Support.[17]

Neben den genannten Vorteilen, gibt es aber auch Schwächen beim Einsatz von Open Source Software. Das sind hauptsächlich,

- die fehlende Anwendungssoftware für verschieden Einsatzbereiche,
- die höheren Know-how Anforderungen an den Anwender sowie
- das unübersichtliche Angebot an Open Source Produkten.[18]

Der Einsatz von Open Source Software ist somit nicht zwingend die bessere Wahl und der Reihe von Vorteilen stehen auch einige Nachteile gegenüber. Nur wenn die Vor- und Nachteile der Open Source Software im Zusammenhang mit den eigenen Anforderungen untersucht und abgewogen werden, kann herausgefunden werden ob der Einsatz freier Software für den eigenen Zweck sinnvoll ist.

---

[17] Vgl. Hindel, B. u. a. (2005), S. 79ff.
[18] Vgl. Gläßer, L. (2004), S. 36ff.

3 Rechtliche Rahmenbedingungen

3.1 Allgemeine Anforderungen an Open Source Software

Software die der Definition von Open Source Software entsprechen soll, muss dafür einige Anforderungen erfüllen. Diese Anforderungen müssen als Lizenzen realisiert werden. Die wesentlichen Kernpunkte der Open Source Definition, veröffentlicht durch die Open Source Initiative, regelt die zulässigen Inhalte für Open Source Lizenzen. Die wichtigsten Aspekte werden im Folgenden vorgestellt.

Freie Weitergabe
Die Lizenz darf niemandem verbieten die Software oder einzelne Teile dieser zu verschenken oder zu verkaufen. Software die Teile einer Open Source Software enthalten, dürfen im Falle eines Verkaufes keine Lizenz- oder sonstigen Gebühren festschreiben.[19] Die anfallenden Gebühren dürfen jedoch nur die Kosten für das Kopieren und das Zusammenstellen der Software decken. Für die Software an sich darf keine Gebühr verlangt werden.[20]

Source Code
Für das Open Source Programm muss der Quellcode frei verfügbar sein. Die freie Weitergabe muss für die kompilierte Version als auch für den Quellcode gelten. Der Quellcode muss dabei nicht zwingend mit der Software zusammen weitergegeben werden, aber auf jeden Fall frei zugänglich gemacht werden. Weiterhin muss der Quellcode in gut lesbarer Form vorliegen und darf nicht absichtlich unverständlich gestaltet werden. Diese Regelungen sind notwendig um die Weiterentwicklung der Software zu vereinfachen.

Abgeleitete Software
Abgeleitete Formen der Software im Rahmen von Veränderungen und Derivaten sollen zum Einen zugelassen werden und zum Anderen unter die gleichen Lizenzbestimmungen gestellt werden wie die Ausgangssoftware.[21] Allerdings darf für die Wei-

[19] Vgl. Open Source Initiative (2006): The Open Source Definition, http://www.opensource.org/docs/definition.php, 08.12.2008, 09:50 Uhr.
[20] Vgl. Ronnenburg, F. (2004), S. 63ff.
[21] Vgl. Open Source Initiative (2006): The Open Source Definition, http://www.opensource.org/docs/definition.php, 08.12.2008, 10:59 Uhr.

terverbreitung auch eine andere Lizenz gewählt werden. Somit ist es sogar möglich, dass ein Programm basierend auf Open Source Software nicht mehr frei ist.[22]

Unversehrtheit des Source Codes des Autors

Die Lizenz darf die Weitergabe des Quellcodes in veränderter Form einschränken, wenn mit dem Quellcode zusammen Patch Files weitergegeben werden, die den Programmcode bei der Kompilierung verändern. Die Lizenz muss die Weitergabe der Software noch immer ausdrücklich erlauben, jedoch kann sie verlangen, dass die abgeleiteten Programme einen anderen Namen oder eine andere Versionsnummer als die Ausgangssoftware tragen.[23] Die dadurch mögliche Unterscheidung des geänderten Codes vom Originalcode soll ermöglichen, dass der Ruf des Entwicklers geschützt werden kann.

Keine Diskriminierung von Personen oder Gruppen

Die Teilnahme an einem Open Source Projekt soll von jeder Person oder Gruppe möglich sein. So darf die Lizenz weder Personen noch Gruppen aus der Mitarbeit an einem solchen Projekt ausschließen.

Keine Einschränkungen bezüglich des Einsatzfeldes

Weiterhin darf die Lizenz das mögliche Einsatzfeld der Software nicht einschränken. So muss die Software in jedem Anwendungsgebiet ohne Einschränkungen eingesetzt werden können.[24] Weiterhin darf die Software insbesondere nicht die kommerzielle Nutzung der Software verbieten.[25]

Weitergabe der Lizenz

Die Lizenz eines Programms muss auf jeden übergehen, der die Software erhält, ohne dass der Nutzer eigene zusätzliche Lizenzen erwerben muss.[26] Damit soll verhindert werden, dass die Software ihren Open Source Status verliert und alle Nutzer die Software nach den Regeln der Definition benutzen dürfen.[27]

---

[22] Vgl. Gläßer, L. (2004), S. 23.
[23] Vgl. Open Source Initiative (2006): The Open Source Definition, http://www.opensource.org/docs/definition.php, 08.12.2008, 11:28 Uhr.
[24] Vgl. Open Source Initiative (2006): The Open Source Definition, http://www.opensource.org/docs/definition.php, 08.12.2008, 11:38 Uhr.
[25] Vgl. Bruhn, M. / Stauss, B. (2003), S. 622ff.
[26] Vgl. Open Source Initiative (2006): The Open Source Definition, http://www.opensource.org/docs/definition.php, 08.12.2008, 14:50 Uhr.
[27] Vgl. Gläßer, L. (2004), S. 24.

Keine Lizenzbeschränkungen auf ein bestimmtes Produktpaket

Die Rechte für ein Programm dürfen nicht davon abhängen, ob dieses in einem Paket mit weiterer Software enthalten ist. Auch wenn ein Programm aus einem Paket herausgelöst wird, soll der Nutzer die Rechte im Rahmen der Lizenz haben, die auch in Verbindung mit der Paketsoftware bestand. So wird die Bindung eines Programms an andere verhindert.[28]

Keine Lizenzbeschränkungen für die Weitergabe zusammen mit anderer Software

Die Lizenz darf weiterhin keine Beschränkungen enthalten, die für Software gilt welche zusammen mit der lizenzierten Software weitergegeben wird. Hauptsächlich soll damit gewährleistet werden, dass andere Programme die auf dem gleichen Medium weitergegeben werden, auch offenen Quellcode enthalten müssen. Weiterhin kann jeder die Open Source Software zusammen mit jeder anderen Software benutzen.

Die Lizenz muss technologieneutral sein

Es dürfen keine Vorschriften gemacht werden, die eine Bindung an bestimmte Technologien oder Schnittstellen erfordern beziehungsweise ausschließen.[29]

3.2 Open Source Lizenzen

Lizenzen erlauben es dem Erwerber von Software diese im festgelegten Rahmen zu nutzen. Die Lizenz für ein Programm wird dabei vom Urheber ausgewählt. Der Lizenzvertrag legt weiterhin fest welche Gegenleistungen der Lizenznehmer zu erfüllen hat und welche Vertragsstrafen ihm bei Nichteinhaltung drohen. Lizenzen die bei kommerzieller Software vergeben werden, müssen häufig durch Zustimmung bei der Installation erfolgen. Bei Open Source Software erfolgt die Zustimmung meist durch das Herunterladen der Software aus dem Internet.[30]

---

[28] Vgl. Open Source Initiative (2006): The Open Source Definition, http://www.opensource.org/docs/definition.php, 08.12.2008, 14:58 Uhr.
[29] Vgl. Open Source Initiative (2006): The Open Source Definition, http://www.opensource.org/docs/definition.php, 08.12.2008, 15:37 Uhr.
[30] Vgl. Gläßer, L. (2004), S. 25ff.

Bei kommerzieller Software regeln die sogenannten Copyright-Lizenzen die Rechte und Pflichten des Lizenznehmers. Bei Open Source Software werden diese Rechte und Pflichten in den Copyleft-Lizenzen geregelt.

Copyleft is a general method for making a program or other work free, and requiring all modified and extended versions of the program to be free as well.[31]

Momentan existieren über 100 von der Open Source Initiative genehmigte Copyleft-Lizenzen. Dabei können im Wesentlichen vier Lizenztypen abgegrenzt werden,

- Lizenzen mit einer strengen Copyleft-Klausel (z. B. GNU General Public License) fordern, dass alle Änderungen an der Software auch bei Weitergabe der Ursprungslizenz unterliegen,
- Lizenzen mit einer beschränkten Copyleft-Klausel (z. B. Mozilla Public License) lassen auch andere Lizenzen für die Weitergabe bei Änderungen zu,
- Lizenzen ohne Copyleft-Klausel (z. B. Berkeley Software Distribution) enthalten keine Bedingungen für die Weitergabe von veränderten Programmen und
- Lizenzen mit Wahlmöglichkeiten (z. B. Perl Artistic License) erlauben dem Bearbeiter eine Lizenz für seine Änderung auszuwählen.[32]

3.3 Urheberrecht

Das Urheberrecht ist das Verfügungsrecht des Urhebers und legt die Rechte fest, die ein Urheber auf seine Schöpfung in diesem Falle auf Software hat. Im Wesentlichen verbietet es Unbefugten das Kopieren, Weiterverbreiten und Verändern von Programmen.[33]

Grundsätzlich werden Computerprogramme seit 1985 im Gesetz zu den geschützten Werken gezählt. Seit 1993 gibt es einen eigenen Abschnitt für Computerprogramme unter den §§ 69 a ff., in der die Richtlinien der Europäischen Union in das Urheber-

---

[31] Free Software Foundation (2007): What is Copyleft?, http://www.gnu.org/copyleft/copyleft.html, 09.12.2008, 10:36 Uhr.
[32] Vgl. Jaeger, T. / Metzger, A. (2006), S. 19ff.
[33] Vgl. Gläßer, L. (2004), S. 43ff.

gesetz umsetzt wurden. Der Begriff Computerprogramm wird dabei nicht fest definiert, um durch technischen Wandel keine Besonderheiten im Urhebergesetz entstehen zu lassen. Im Rahmen des Urhebergesetzes sind dadurch jegliche Computerprogramme in jeder Gestalt und Ausdrucksform, einschließlich des Entwurfsmaterials geschützt. Computerprogramme sind dabei eine Folge von Befehlen, die nach Aufnahme von Informationen eine bestimmte Funktion oder Aufgabe ausführen.[34]

Die Voraustetzungen für den Schutz von Programmen ist, dass ein Mindestmaß an Schöpfungshöhe bei der Erstellung eines Programms vorliegt. Da dieses Mindestmaß bei Software sehr schnell erreicht wird, ist in der Regel bei jeder Software der urheberrechtliche Schutz gegeben.[35]

Die Frage nach der Urheberschaft ist im Open Source Bereich eine schwierige, da durch die kollaborative und dezentrale Entwicklung der Software kein eindeutiger Urheber für die Software ermittelt werden kann. Dies ist besonders deshalb so schwierig weil jeder Entwickler an jedem Teil des Programms arbeiten kann. Dies ist zwar auch bei proprietärer Software der Fall, jedoch sind dort die Entwickler meist angestellt wodurch die Rechte gem. § 69 b Urhebergesetz auf den Arbeitgeber übergehen.[36]

Um die Urheberschaft zu klären ist deshalb neben der Frage ob ein schutzfähiges Werk existiert wichtig, ob es von einem oder mehreren Entwicklern erstellt wurde. In der Praxis ist die Einzelurheberschaft sehr selten, da Open Source auf einer kollaborativen Entwicklung beruht. So sind meistens mehrere Urheber vorhanden. Dabei können die Mitarbeiter die lediglich Verbesserungsvorschläge für die Software abgeben oder Patches einspielen keine urheberrechtlichen Ansprüche geltend machen. Erst wenn die selbst gestalteten Veränderungen von Entwicklern einen gewissen Umfang und damit die gesetzlich vorgeschriebene Schöpfungshöhe erreichen, gelten die Entwickler als Urheber und haben Rechte auf die entwickelte Software. Um dabei alle Urheber zu erfassen müssen alle Änderungen sorgfältig dokumentiert werden.[37]

---

[34] Vgl. Schäfer, F. (2007), S. 19ff.
[35] Vgl. Jaeger, T. / Metzger, A. (2006), S. 75ff
[36] Vgl. Vgl. Gläßer, L. (2004), S. 44.
[37] Vgl. Schäfer, F. (2007), S. 17ff.

Die Rechte die sich aus dem Urheberschutz ergeben können auch auf andere Personen übertragen werden. Dies wird über Lizenzen geregelt. Im Folgenden werden die unterschiedlichen Rechte der Lizenztypen bezüglich des Urheberrechts erläutert.

Lizenzen mit einer strengen Copyleft-Klausel

Dieser Lizenztyp ist der am weitesten verbreitete. Hierbei gewährt der Urheber dem Nutzer ein einfaches Nutzungsrecht gem. § 31 Absatz 2 Urhebergesetz. Das heißt im Einzelnen, dass der Nutzer das freie Recht auf Vervielfältigung und Verbreitung, öffentliche Zugänglichmachung insbesondere im Internet, Vermietung jedoch ohne Lizenzgebühren und Bearbeitung der Software hat. Für die Weitervertreibung der Software müssen die gleichen Lizenzbedingungen weitergegeben werden, die auch für die Ursprungssoftware galten.[38]

Lizenzen mit einer beschränkten Copyleft-Klausel

Auch bei diesem Lizenztyp erhält der Nutzer gebührenfreie, einfache Nutzungsrechte die es ihm erlauben die Software zu vervielfältigen und zu verbreiten, zu verändern und zugänglich zu machen. Der eigentliche Unterschied zu anderen Lizenzen besteht darin, dass der Nutzer bei der Weiterverbreitung eine andere Lizenz vergeben kann. Dies gilt aber nicht für geänderte oder kopierte Quelltextdateien, sondern nur für Modifikationen die in eigenen Dateien realisiert werden.[39]

Lizenzen ohne Copyleft-Klausel

Dieser Lizenztyp unterscheidet sich nicht in den Freiheiten die dem Lizenznehmer gelassen werden. Jedoch enthalten Lizenzen dieses Typs keine Bedingungen die die Benutzung einer bestimmten Lizenz bei der Weitergabe von verändertem Programmcode vorschreiben. Somit kann der Lizenznehmer die Software unter jeder anderen Lizenz verbreiten, also auch als proprietäre Software vertreiben.

Lizenzen mit Wahlmöglichkeiten

Lizenzen die diesem Typ zuzuordnen sind, gewähren die gleichen Freiheiten wie die anderen Lizenztypen. Jedoch kann der Lizenznehmer bei der Verbreitung der Software wählen, welche Lizenz für die weiterverbreitete Software gelten soll.[40]

---

[38] Vgl. Jaeger, T. / Metzger, A. (2006),S. 20ff.
[39] Vgl. Gläßer, L. (2004), S. 26ff.
[40] Vgl. Jaeger, T. / Metzger, A. (2006),S. 61ff.

3.4 Patentrecht

Die Lizenzierung von Software wird in Europa durch das Urheberrecht geregelt. Dadurch wird jedoch nur ein bestimmtes Programm, also der Quellcode geschützt und nicht etwa die Idee die hinter diesem steht. Der Sinn eines Softwarepatents liegt darin genau diese Idee und damit die getätigten Investitionen für Forschung und Entwicklung zu schützen.

Grundsätzlich sind in Europa Softwarepatente durch die Europäische Patentübereinkunft gem. Artikel 52 Absatz 2 verboten. Jedoch ist die Formulierung dieses Artikels nicht ganz eindeutig, da die Patentierung von Software „als solche" verboten ist, dieser Ausdruck dabei aber nicht näher definiert wird. Das führt dazu, dass jedes Jahr viele tausend Softwarepatente in Europa erteilt werden.[41]

Der Einsatz von Patenten hat dabei sowohl positive als auch negative Aspekte. So gehen Befürworter davon aus, dass durch Softwarepatente Innovationen gefördert werden, da die Entwicklungen von Innovatoren nicht einfach von Konkurrenten kopiert und weiterentwickelt werden können. Jedoch besteht dadurch auch die Gefahr einer quasi Monopolstellung des Innovators. Das Patentsystem muss daher so ausgelegt sein, dass für die Gesamtwirtschaft ein positiver Effekt entsteht. Allerdings kann sich aus Softwarepatenten auch die Problematik ergeben, dass weniger zukünftige Erfindungen gemacht werden, die auf älteren Erfindungen aufbauen. Somit können Patente den sogenannten sequenziellen Erfindungsprozess behindern. Letztendlich bleibt die generelle Berechtigung von Patenten von den meisten Experten unbestritten, jedoch ist die Ausgestaltung des Patentschutzes ein stark diskutiertes Thema. So müssen Patente immer genau so stark beziehungsweise schwach sein, dass sie Innovationsanreize schaffen. Dies kann für die verschiedenen Softwarearten unterschiedlich sein und muss dann durch unterschiedliche Patente geregelt werden.[42]

Open Source Software stellt einen besonderen Teil der Softwarepatente da. Die Free Software Foundation weist in der GNU General Public License darauf hin, dass die

[41] Vgl. Maaß, C. (2006), S. 158ff.
[42] Vgl. Brügge, B. u. a. (2004), S. 137ff.

Verbreitung von Open Source Software nicht durch Ansprüche aus Softwarepatenten heraus behindert werden darf:

Finally, every program is threatened constantly by software patents. States should not allow patents to restrict development and use of software on general-purpose computers, but in those that do, we wish to avoid the special danger that patents applied to a free program could make it effectively proprietary. To prevent this, the GPL assures that patents cannot be used to render the program non-free.[43]

Dies bedeutet nicht, dass Patente grundsätzlich verboten sind, jedoch dürfen durch sie keine Lizenzgebühren oder sonstige Forderungen geltend gemacht werden. Des Weiteren ist es für Open Source Entwickler meist finanziell nicht realisierbar ein teueres Patent anzumelden, da sie oft unentgeltlich an der Software mitarbeiten. Das größte Problem bei der Patentierung von Software ist, dass das Patent die Nutzungsrechte für Dritte einschränken kann. Dies widerspricht dem Grundgedanken der Open Source Software. Aus diesem Grund müssen die Regelungen des möglicherweise geltenden Patents ebenfalls in den Lizenzen geregelt werden.[44] Dies ist in den meisten Lizenzen mit beschränkter beziehungsweise ohne Copyleft-Klausel seit längerer Zeit geregelt. In den Lizenzen mit strenger Copyleft-Klausel wurde dieser Aspekt in den neuesten Versionen ebenfalls berücksichtigt. Die dort enthaltenen Regelungen fordern, dass sich die Copyleft-Klausel auch auf etwaige Patente des Lizenznehmers bezieht. Das heißt, dass den Nutzern damit eine einfache Lizenz an allen geltenden Patenten gewährt werden muss. Dies soll ohne eine besondere Vergütung erfolgen. Auf diese Weise sollen ausreichend Innovationsanreize geschaffen werden. Weiterhin soll so die Gefahr verringert werden, dass Open Source Software Entwickler ungewollt gegen bestehende Patente verstoßen, was angesichts der großen Softwarevielfalt häufig vorkommen würde.[45]

[43] Free Software Foundation (2007): GNU General Public License, http://www.gnu.org/licenses/gpl-3.0.html, 10.12.2008, 13:39 Uhr.
[44] Vgl. Maaß, C. (2006), S. 164ff.
[45] Vgl. Jaeger, T. / Metzger, A. (2006),S. 44.

4 Fazit

In dieser Arbeit wurden zunächst die theoretischen Grundlagen des Themas erläutert. Dabei wurden zuerst der Begriff Software allgemein und anschließend die Open Source Software im Speziellen erklärt. Weiterführend wurden dann verschiedene Softwaremodelle und deren Unterschiede beleuchtet. Im Wesentlichen ging daraus hervor, dass Open Source Software den Anwendern freie Nutzungsrechte gibt und dabei meistens jedoch nicht zwingend kostenfrei ist. Darauf aufbauend wurden dann die Vor- und Nachteile von Open Source Software erläutert, mit dem Ergebnis, dass nur eine genaue Abwägung der Chancen und Risiken sowie der eigenen Ansprüche klären kann, ob der Einsatz von freier Software sinnvoll ist.

Darauf aufbauend wurden die rechtlichen Rahmenbedingungen für die Open Source Software erläutert. Dafür wurden zunächst die Grundvoraussetzung für Open Source Lizenzen geklärt. Nur wenn eine Reihe von Anforderungen erfüllt werden, dürfen Lizenzen für Open Source Software genutzt werden. Im Weiteren Verlauf wurde die Vielzahl der vorhandenen Open Source Lizenzen in vier Lizenztypen kategorisiert und deren Unterschiede deutlich gemacht. Anschließend wurden das Urheber- und Patentrecht erklärt. Daraus geht hervor, dass Software über zwei verschiedene Systeme geschützt ist. Auf der einen Seite ist dies der Urheberschutz, wodurch der Quellcode und das Programm an sich geschützt werden und auf der anderen Seite der Patentschutz durch welches das Verfahren zur Problemlösung geschützt wird. Dabei wird das Urheberrecht in verschiedenen Lizenzen eindeutig geregelt. Das Patentrecht hingegen wirft viele Fragen und Probleme auf, die nicht abschließend geklärt werden können. Zumindest wurde das Patentrecht in den neueren Open Source Lizenzen berücksichtigt. Die Entwicklungen in der Vergangenheit zeigen, dass die Zahl der Softwarepatente immer mehr zunehmen.[46] Dadurch wird die Bedeutung der Softwarepatente in Zukunft immer mehr zunehmen und weitere Fragen aufwerfen.

---

[46] Vgl. Brügge, B. u. a. (2004), S. 141.

A Literaturverzeichnis

Bücher:

Brügge, Bernd u. a. [Open-Source-Software, 2004]:
Open-Source-Software: Eine ökonomische und technische Analyse, 1. Auflage, Berlin; Heidelberg; New York: Springer Verlag, 2004

Bruhn, Manfred / Stauss, Bernd [Dienstleistungs-Netzwerke, 2003]:
Dienstleistungs-Netzwerke: Dienstleistungsmanagement Jahrbuch 2003, 1. Auflage, Wiesbaden: Gabler Verlag GmbH, 2003

Gläßer, Lothar [Open Source Software, 2004]:
Open Source Software: Projekte, Geschäftsmodelle, Rechtsfragen, Anwendungsszenarien – was IT-Entscheider und Anwender wissen müssen, 1. Auflage, Erlangen: Publics Corporate Publishing, 2004

Hetmank, Maik [Open-Source-Software, 2006]:
Open-Source-Software: Motivation der Entwickler und ökonomischer Hintergrund, 1. Auflage, Saarbrücken: VDM Verlag Dr. Müller e. K., 2006

Hindel, Bernd u. a. [Prozessübergreifendes Projektmanagement, 2005]:
Prozessübergreifendes Projektmanagement: Grundlagen erfolgreicher Projekte, 1. Auflage, Berlin; Heidelberg; New York: Springer Verlag, 2005

Jaeger, Till / Metzger, Axel [Open Source Software, 2006]:
Open Source Software: Rechtliche Rahmenbedingungen der Freien Software, 2. Auflage, München: Verlag C.H. Beck oHG, 2006

Lassmann, Wolfgang [Wirtschaftsinformatik, 2006]:
Wirtschaftsinformatik: Nachschlagwerk für Studium und Praxis, 1. Auflage, Wiesbaden: Gabler Verlag GmbH, 2006

Maaß, Christian [Strategische Optionen im Wettbewerb mit Open Source Software, 2006]:
Strategische Optionen im Wettbewerb mit Open Source Software, 1. Auflage, Berlin: Logos Verlag Berlin, 2006

Ronnenburg, Frank [Debian GNU / Linux Anwenderhandbuch, 2004]:
Debian GNU / Linux Anwenderhandbuch: Für Einsteiger, Umsteiger und Fortgeschrittene, 1. Auflage, München: Addison-Wesley Verlag, 2004

Schäfer, Fabian [Der virale Effekt, 2007]:
Der virale Effekt: Entwicklungsrisiken im Umfeld von Open Source Software, 1. Auflage, Karlsruhe: Universitätsverlag Karlsruhe, 2007

Internetquellen:

Free Software Foundation [2007]:
GNU General Public License, http://www.gnu.org/licenses/gpl-3.0.html, 10.12.2008, 13:39 Uhr

Free Software Foundation [2007]:
The Free Software Definition, http://www.fsf.org/licensing/essays/free-sw.html, 02.12.2008, 10:41 Uhr

Free Software Foundation [2007]:
What is Copyleft?, http://www.gnu.org/copyleft/copyleft.html, 09.12.2008, 10:36 Uhr

Open Source Initiative [2006]:
The Open Source Definition, http://www.opensource.org/docs/definition.php, 08.12.2008, 09:50 Uhr